Josef Carl Grund
Kommissar Paletti löst den Fall

Josef Carl Grund

Kommissar Paletti löst den Fall

Kniffelige Geschichten zum Mitdenken

Mit Bildern von Dagmar Geisler

In neuer Rechtschreibung

1. Auflage 2002
© Arena Verlag GmbH, Würzburg 2002
Alle Rechte vorbehalten
Einband und Illustrationen: Dagmar Geisler
Gesamtherstellung: Westermann Druck Zwickau GmbH
ISBN 3-401-05347-7

Inhalt

Schlaue Detektive

Dieses Buch ist für Leute mit Grips. Sie benut-
zen ihr Köpfchen zum Denken.

Das kannst du auch.

Wie du das anstellen musst?

Lies die folgenden Geschichten (oder lasse sie
dir vorlesen)! Dann beantworte die Fragen, die
am Schluss jeder Geschichte stehen!

Du sollst nicht raten, denn es sind keine Rätsel.
Finde die Lösungen durch Überlegen! Manche
werden dir sofort einfallen. An einigen wirst du
zu knacken haben.

Die Auflösungen stehen am Ende des Buches.
Solltest du 36, 39 oder gar 42 richtige Antworten finden, bist du super. Dann bist du ein
besonders schlauer Detektiv.

Tante Elfriede

Tante Elfriede ist Schriftstellerin. Sie schreibt Reisebücher. Darin erzählt sie von fremden Ländern, fremden Tieren und fremden Menschen.

Alle Länder, über die sie schreibt, hat sie vorher besucht.

Wenn sie von einer Reise zurückkommt, kann sie viel Neues erzählen. Manchmal ist Geflunkertes dabei. Denn Tante Elfriede schwindelt hin und wieder.

Ihr Neffe Jürgen und ihre Nichte Tamara hören ihr gern zu. Und sie freuen sich, wenn sie die Tante bei einer Flunkerei ertappen.

Diesmal berichtet sie von einem Abenteuer, das sie in Afrika erlebt hat.

»Es war in der Sahara«, erzählt sie. »Das ist eine riesengroße Wüste. Da gibt es weit und breit nur Steine und Sand. Weit verstreut, liegen einige Wasserstellen. Dort wachsen Dattelpalmen.«

»Weiß ich«, sagt Tamara. »Die Wasserstellen
heißen Oasen.«

»Richtig«, lobt die Tante.

»Wenn die Sonne scheint, ist es in der Sahara
so heiß wie in einem Backofen«, sagt Jürgen.

»Das haben wir in der Schule gelernt.«

»Richtig«, sagt Tante Elfriede auch zu ihm.

»Mein tollstes Sahara-Abenteuer erlebte ich bei Backofenhitze.«

Tamara und Jürgen gucken neugierig.

»Die Luft flimmerte wie über einer heißen Herd-platte«, erzählt die Tante. »Wir waren zu dritt. Zwei Beduinen begleiteten mich. Beduinen sind Leute, die in der Wüste zu Hause sind. Wir rit-ten auf Kamelen. Sie schnauften genauso wie wir. Weit und breit war keine Oase zu sehen.«

Tante Elfriede nickt vor sich hin.

»Na und?«, drängt Tamara.

»Wo bleibt das Abenteuer?«, fragt Jürgen.

»Es geschah in der allergrößten Hitze«, fährt die Tante fort. »Plötzlich wurden unsere Kamele unruhig. Wir sahen uns um und erschraken. Auf einem riesigen Sandberg tauchten sieben Bären auf!«

Tante Elfriede erschrickt noch jetzt, als sie sich daran erinnert. »Ihr müsst wissen, Bären sind gefährliche Raubtiere«, murmelt sie schaudernd.

10

»Die sieben auf dem Sandberg waren ganz
besonders gefährlich. Vier winzig kleine Bären-
kinder tappten ihnen nach. Die Jungen waren erst
vor wenigen Tagen in der Sahara geboren
worden. Und alte Bären sind besonders angriffs-
lustig, wenn sie ihre Jungen beschützen.«
Wieder schaudert Tante Elfriede zusammen. »Die
Bären griffen uns plötzlich an. Und die Schießge-
wehre meiner Beduinen gingen nicht los!«

Tamara und Jürgen blinzeln einander zu. Dann lachen sie laut.

Tante Elfriede tut beleidigt. »Warum lacht ihr denn?«, fragt sie. »Wollt ihr nicht wissen, was noch passiert ist?«

»So arg hättest du uns nicht anflunkern sollen, Tante«, sagt Tamara.

»Wir sind doch nicht plemplem«, lacht Jürgen.

Jetzt lacht auch Tante Elfriede. »Eins zu null für euch«, sagt sie und lehnt sich in ihren Sessel zurück.

Und **1 Punkt** für dich – wenn du herausfindest, wo die Tante geflunkert hat.

Der Meisterdetektiv

Hans-Heinrich Denkfix frühstückt an einem
schönen Sommermorgen besonders ausgiebig.
Er isst ein Marmeladebrötchen und trinkt Milch-
kaffee dazu.
Da läutet das Telefon.
»Ausgerechnet jetzt!«, brummt der Meisterde-
tektiv.
Wenn er beim Frühstück gestört wird, ärgert er
sich besonders.
»Was ist los?«, knurrt er ins Telefon.
Der Autohändler Willi Tütmann meldet sich.
»Ich bin bestohlen worden!«, ruft er aufgeregt.
»Bitte helfen Sie mir!«
»Melden Sie es der Polizei«, brummt der Meis-
terdetektiv kurz angebunden.
»Polizisten können auch nicht hexen«, stöhnt
Herr Tütmann. »Ich muss das Gestohlene
sofort wiederhaben. Kommen Sie bitte in die
Veilchenstraße Nummer 10!«

Der Meisterdetektiv Hans-Heinrich Denkfix ist
neugierig geworden. »Ich komme«, sagt er und
legt auf.
In die Veilchenstraße ist es nicht weit. Nach
fünf Minuten Autofahrt hält der Meisterdetektiv
vor Nummer 10. Es ist ein Superhaus in einem
großen Garten.

14

Herr Tütmann wartet bereits am Gartentor.
Das Superhaus liegt weiter rückwärts. Während
sie darauf zugehen, erzählt Herr Tütmann, was
passiert ist.

»Meine Frau feiert Geburtstag«, erzählt er. »Da
hab ich unsere besten Freunde schon zum
Frühstück eingeladen. Dabei wollte ich meiner
Frau mein Geschenk überreichen. Es ist ein
goldenes Armband mit Edelsteinen darauf.«
Er stöhnt. »Gleich nach dem Frühstück ging ich
in mein Zimmer. Dort hatte ich das Armband in

die Schreibtisch-Schublade gelegt. Ich sperrte
die Schublade auf und zog sie heraus. Da lag
das Armband noch darin.«

Herr Tütmann seufzt. »Dann läutete das Telefon im Nebenzimmer. Ich lief hinüber. Das
Gespräch war nicht für mich. Irgendein Idiot
hatte die falsche Nummer gewählt. Als ich in
mein Zimmer zurückkam, war das Armband
weg! Ich suchte fieberhaft und fand es nicht. Da
rief ich Sie an, großer Meister.«

»Haben Sie Ihrer Frau und den Gästen gesagt,
dass das Armband verschwunden ist?«, erkundigt sich Hans-Heinrich Denkfix.

»Ich habe niemandem von dem Armband
erzählt«, antwortet Herr Tütmann. »Es sollte
doch eine Überraschung werden! Helfen Sie
mir bitte, dass die Überraschung noch heute
Vormittag klappt, großer Meister. Helfen Sie
mir!«, fleht er den Meisterdetektiv an.

»Ein teures Armband?«, fragt Hans-Heinrich
Denkfix.

16

EHEPAAR SCHMIDT

»Ein sehr teures Armband«, versichert Herr
Tütmann.

»Hat jemand nach dem Diebstahl das Haus
verlassen?«, erkundigt sich der Meisterdetektiv.

»Niemand«, versichert der Hausherr.

Im Frühstückszimmer lernt Hans-Heinrich Denkfix die Hausfrau und die Gäste kennen. Frau Tütmann strahlt, weil sie Geburtstag hat. Die Gäste
sind die Ehepaare Schmidt und Maier.

Herr Tütmann stellt ihnen Hans-Heinrich Denkfix als den berühmtesten Detektiv aller Zeiten
vor.
Hausfrau und Gäste gucken verwundert.
Der Meisterdetektiv erklärt ihnen, warum er da
ist. »Herr Tütmann hat seiner Frau ein kostba-
res Armband gekauft«, sagt er. »Es sollte eine
Geburtstagsüberraschung sein. Leider wurde
es gestohlen.«

EHEPAAR MAIER

»Oh!«, ruft Frau Tütmann.

»Wie gemein!«, rufen die Gäste.

»Wer von Ihnen hat in der letzten halben Stunde dieses Zimmer verlassen?«, fragt der Meisterdetektiv.

»Ich«, meldet sich Herr Tütmann.

»Sie meine ich nicht«, brummt Denkfix. »Wer noch?«

»Ich«, antwortet Frau Maier. »Ich musste mir die Hände waschen.«

»Verdächtigen Sie jemanden von uns?«, erkundigt sich Herr Maier empört.

»Unsinn«, sagt Herr Schmidt.

»Jemand muss es ja wohl gewesen sein«, meint der Meisterdetektiv.

»Ich war die ganze Zeit in diesem Zimmer«, brummt Herr Maier.

»Ich auch«, versichert Frau Schmidt.

»Ich war einmal kurz frische Luft schnappen«, sagt Herr Schmidt. »Das ist ja wohl nicht verdächtig.« Er lacht. »Und wie hätte ich wissen sollen, dass mein Freund Tütmann das Geschenk für seine Frau in die Schreibtischlade gelegt hat? Ich gucke doch nicht durch Schlüssellöcher!«

»Ich verbitte mir jede Verdächtigung meiner Gäste!«, ruft die Hausfrau.

»Das genügt«, sagt der Meisterdetektiv. »Ich kenne den Dieb.«

Kurz darauf muss der Spitzbub das Armband zurückgeben.

»Ein Punkt für Sie«, sagt Herr Tütmann anerkennend zu Hans-Heinrich Denkfix. Dann steckt der Meisterdetektiv schmunzelnd seine Belohnung ein.

Du kannst jetzt **2 Punkte** gewinnen:
1 Punkt für die richtige Antwort auf die Frage »Wer war der Dieb?«.
Den 2. Punkt für die richtige Antwort auf die Frage »Womit verriet sich der Spitzbub?«.

Rollmöpse

Rollmöpse sind »mhmmmmm«, findet Herr
Billermann. Er mag sie sehr gern.
Was Rollmöpse sind?
Es sind zusammengerollte Heringsstücke in
Essigsoße. Meistens sind sie mit sauren
Gurken gefüllt, manchmal auch mit Gurken und
Zwiebelringen.
Billermanns Nachbar züchtet Forellen. Das
sind schmackhafte Speisefische. Der Nachbar
verkauft sie an Gastwirte und Hotelköche. Er
verdient viel Geld damit.
Billermanns Sohn Tobias möchte auch viel

Geld verdienen. Er ist fünf Jahre alt und sieht
den Forellen des Nachbarn gern zu.
Die tummeln sich in den Fischteichen und
sehen ganz vergnügt aus.
»Sind Rollmöpse auch Fische?«, fragt Tobias
den Nachbarn.
»Aber ja«, sagt der Nachbar. Er denkt daran,
dass sie aus Heringen gemacht werden.

Heringe sind Fische – und ganz bestimmt keine
Vögel oder Eidechsen.
»Kriegen die Fische ihre Jungen im Wasser?«,
fragt Tobias weiter.
»Fische legen Eier ins Wasser«, erzählt ihm
der Nachbar. »Aus den Eiern schlüpfen kleine
Fischlein heraus. Die werden rasch größer.«
Mehr will Tobias nicht wissen.
Am nächsten Nachmittag stibitzt er zwei Roll-
möpse aus Muttis Rollmopsglas. Dann huscht er
in den Garten hinaus. Dort hat Vati ein Schwimm-
becken angelegt. Heimlich legt Tobias die zwei
Rollmöpse in das Schwimmbecken hinein.
Jetzt werden sie Eier legen, denkt er. Aus den
Eiern werden junge Rollmöpse herauskommen
und im Schwimmbecken herumkurven. Und
wenn sie groß sind, verkauf ich sie. Vati und
Mutti werden staunen!
Denkste!
Nach vier Wochen kurvt noch kein einziges
Rollmöpschen im Schwimmbecken herum.

Nicht einmal nach fünf und sechs Wochen!
»Blöde Möpse!«, schimpft Tobias enttäuscht.
Dann überlegt er, ob er vielleicht die falschen
Rollmöpse erwischt hat. – Zwei Männchen viel-
leicht oder zwei Weibchen. Männchen ohne
Weibchen und Weibchen ohne Männchen kön-
nen ja keine Jungen kriegen. Das weiß Tobias
aus dem Kinder-Fernsehen.
Oder doch?

1 Punkt für dich – wenn du Tobias die richtige
Antwort sagst.

Die Verkehrsampel

Die Verkehrsampel zeigte Rot für die Fußgänger.
Der kleine Martin wartete, wie es sich gehört.
Da kam ein Mann. Er stellte sich neben Martin.
Die Ampel zeigte immer noch Rot.
Der Mann hatte es eilig. Er sah nach links,
dann nach rechts.
»Kein Auto zu sehen«, brummte er. Dann ging
er rasch über die Straße.
Wenn der große Mann bei Rot über die Straße
geht, darf ich auch gehen, dachte der kleine
Martin. Und schon lief er hinter dem Mann her.
Da kreischten Bremsen. Und eine Autohupe
tutete wie verrückt. Erschrocken blieb der
kleine Martin stehen.
Das Auto hielt knapp vor ihm. Es war aus der
nächsten Seitenstraße eingebogen; zum Glück
nicht zu schnell. Der Fahrer hatte den Wagen
gerade noch eine Handbreit vor Martin abbrem-
sen können.

»Hast du keine Augen im Kopf?!«, schimpfte er zum Fenster heraus. »Da ist Rot für dich! Beinah hätte ich dich überfahren!«

»Aber – der Mann ist doch auch – bei Rot gegangen«, stotterte der kleine Martin. »Da bin ich ihm nachgelaufen. Warum darf ich nicht, wenn der Mann darf?«

»Mistbengel!«, schimpfte der Autofahrer. »Hau ab, jetzt hast du Grün!«

Der kleine Martin lief über die Straße.

2 Punkte für 2 richtige Antworten.

1. Frage: Dürfen Erwachsene bei »Rot für Fußgänger« über die Straße gehen? (1 Punkt)

2. Frage: Dürfen Kinder hinter Erwachsenen herlaufen, die bei »Rot« die Straße überqueren? (1 Punkt)

Bärbel

Bärbel ging in die zweite Grundschulklasse.
Gestern hatte die Lehrerin von Ministern
erzählt. Das seien ganz wichtige Leute, hatte
sie gesagt. Und die allerwichtigsten Minister
wären in Berlin. Sie kümmerten sich darum,
dass es den Leuten gut gehe.
Da gäbe es einen Minister, der sich um
gesunde Wohnungen kümmere, hatte die Lehrerin weiter gesagt. Ein anderer Minister kümmere sich um Briefe, Pakete und um die
Telefone. Wieder ein anderer Minister kümmere
sich um die Gesundheit der Leute.
Das hatte die Lehrerin zwar nicht genauso
gesagt. Bärbel hatte es aber so verstanden.
In fünf Wochen war Weihnachten.
Bärbel wünschte sich sehnlichst einen Teddybären – einen großen braunen mit schwarzen
Knopfaugen. Wenn man ihn drückte, sollte er
»Brumm« sagen.

So ein großer Teddybär kostete aber viel Geld.
Und Bärbels Vater war arbeitslos. Bärbel über-
legte. Dann kam ihr ein toller Gedanke. Die

Minister in Berlin waren ihr eingefallen. Sie
kümmern sich darum, dass es den Leuten gut
geht, hatte doch die Lehrerin gesagt. Oder so
ähnlich.
Nach dem Abendessen fragte Bärbel ihre Mutter:

»Du, Mutti, gibt es für alles Minister? Ich mein –
für alles, was die Leute brauchen?«
Die Mutter hatte nur halb hingehört. Sie machte
sich Sorgen, weil das Geld nicht reichte.
»Für alles, was die Leute brauchen, Mutti?«,
drängte Bärbel ungeduldig.
»Aber ja«, sagte die Mutter. Sie wusste noch
immer nicht, was Bärbel gefragt hatte. Aber sie
wollte ihre Ruhe haben.
»Fein, Mutti!«, rief Bärbel und lief in ihr Zimmer.
Dort schrieb sie einen Brief.
Umschläge und Briefpapier hatte ihr Tante Karin
zum Geburtstag geschenkt. Zuerst schrieb
Bärbel die Adresse auf den Briefumschlag:

An den
Weihnachtsminister
in Berlin an der Donau

Und auf das Briefpapier schrieb sie in ihrer
allerschönsten Schrift:

»Lieber Weihnachtsminister!

Mein Vati ist arbeitslos. Da kann er mir zu Weihnachten keinen Teddybären kaufen. Ich möchte einen großen braunen mit schwarzen Knopfaugen. Er soll ›Brumm‹ sagen, wenn ich ihn drücke. Und weil du der Weihnachts-minister bist, schick mir bitte einen. Und sag dem anderen Minister, dass er meinem Vati Arbeit geben soll!

Es grüßt dich deine Bärbel, sieben Jahre und vier Monate alt.«

Zweimal hat sich Bärbel geirrt.

2 Punkte für dich, wenn du es herausfindest.

Zwei Tipps dazu: Es geht um einen Fluss und um einen Minister.

Rechnen muss man können

»Rechnen muss man können«, sagt Onkel Robert. »Durch Rechnen hab ich ein Fahrrad für elf Euro gekauft. Ich hab es meinem Neffen Klaus geschenkt. Er freut sich mächtig darüber.«

»Das muss ein Rad von der Müllhalde sein«, spöttelt Herr Müller.

»Aber nein«, sagt Onkel Robert. »Es ist ein ganz neues Fahrrad mit Gangschaltung. Ich hab es nur deshalb so billig bekommen, weil ich gut rechnen kann.«
Dabei zwinkert er mit dem linken Auge und schmunzelt vor sich hin.
»Na, dann erzähl mal«, spottet Herr Müller.
»Aber gern«, sagt Onkel Robert. Und er erzählt: »Vor vierzehn Tagen feierte unsere Feuerwehr ein Fest. Da gab es Karussells, Schiffschaukeln und Losbuden. Das Fest dauerte drei Tage lang.«
»Das weiß ich«, brummt Herr Müller ungeduldig. »Erzähl von dem Fahrrad für elf Euro.«
Onkel Robert schmunzelt. »Es hat mit einer Losbude und mit meinem Traum zu tun.« Er hebt den Zeigefinger. »Ich hatte die Zahlen Sieben und Fünf geträumt. Daran dachte ich, als ich zu der Losbude kam. Blitzschnell zählte ich zusammen: Sieben und fünf ist elf. Ich kaufte elf Lose für zusammen elf Euro.«

Onkel Robert lacht Herrn Müller ins Gesicht.
»Das elfte Los war der Hauptgewinn«, sagt er
vergnügt. »Ein nagelneues Fahrrad mit Gang-
schaltung. Elf Euro hab ich dafür bezahlt.«
Onkel Robert und Herr Müller sind Freunde.
Und Onkel Robert ist nicht beleidigt, als Freund
Müller »Du Affe« zu ihm sagt.

Onkel Robert ist ein Schlitzohr. Und mit dem
»Affen« hat Freund Müller Recht. Weißt du,
warum? – Dann kriegst du **1 Punkt.**

36

Heinrich Pfefferkorn

Heinrich Pfefferkorn war stolz auf seinen Vornamen.

Auf die zweite Silbe (also auf »rich«) bildete er sich besonders viel ein. Ein Professor hatte ihm erzählt, dass »rich« ein alter Ausdruck sei. »Rich« bedeute »reich«, hatte der Professor gesagt.

Heinrich Pfefferkorn war wirklich reich. Und für seinen sechzigsten Geburtstag hatte er sich etwas ganz Besonderes ausgedacht.

Vier Wochen vorher ließ er in der Zeitung
bekannt machen:
»Ich, Heinrich Pfefferkorn, lade zu meiner
Geburtstagsfeier alle Männer aus unserer Stadt
ein, deren Vornamen auf ›rich‹ enden. Wir kommen am 1. April um zwölf Uhr mittags im ›Gast-
haus zum goldenen Ochsen‹ zusammen. Alle
›Riche‹ melden sich bis zum 15. März schrift-
lich bei mir.
Heinrich Pfefferkorn,
Vogelstraße 13.«

Bis zum 15. März erhielt er 786 Karten und
Briefe.
Die meisten hießen »Heinrich«, »Dietrich« und
»Friedrich«. Einer nannte sich »Alberich«, ein
anderer »Anstrich«. Fünfzehn Männer hatten
mit »Ulrich« unterschrieben.
Ja, ja, ja!
Einen dieser Briefschreiber hat Heinrich Pfeffer-
korn bestimmt nicht eingeladen.

2 Punkte für dich!

Den 1. Punkt für den Namen,

den 2. Punkt für die richtige Antwort auf die Frage »Warum hat Herr Pfefferkorn diesen Mann nicht eingeladen?«.

Inspektor Greifzu

Inspektor Greifzu verhaftete den Taschendieb Bobby Langfinger. Der Inspektor hatte beobachtet, wie Bobby einen Hunderteuroschein aus der Jackentasche eines Mannes gezogen hatte.

Heimlich – also geklaut.

Der Mann hatte nichts davon bemerkt. Er ging seelenruhig weiter. Bobby Langfinger hatte den Hunderteuroschein eingesteckt und war in der anderen Richtung davongeschlichen.

Da stellte ihn Inspektor Greifzu.

»Rück den Schein heraus, Bobby«, befahl er.

»Und dann ab zur Polizei!«

Bobby Langfinger machte sein unschuldigstes Gesicht. »Wieso Polizei?«, fragte er.

»Weil du einen Mann bestohlen hast«, sagte Inspektor Greifzu. »Du hast ihm hundert Euro geklaut. Das hab ich beobachtet.«

Bobby Langfinger zuckte die Achseln. »Das

haben Sie falsch gesehen, Inspektor.« Er holte
einen Hunderteuroschein aus seiner Hosenta-
sche und fragte: »Meinen Sie den da?«
»Genau den meine ich«, sagte Inspektor
Greifzu.

Bobby schmunzelte. »Da haben Sie Pech, Inspektor«, spottete er. »Dieser Hunderteuro- schein lag unter der Straße; genau gesagt, unter einem Abflussgitter. Da sah ich ihn auf der Abwasserbrühe schwimmen. Zufällig hatte ich einen Magneten und einen Bindfaden bei mir.«

Er hob den Finger. »Als ich den Schein da auf dem Abwasser schwimmen sah, wollte ich ihn haben. Das ist doch nichts Schlechtes, oder?«

»Lüg weiter, du Schlitzohr«, sagte der Inspektor.

Bobby Langfinger machte ein beleidigtes Gesicht.

»Ich band den Magneten an den Bindfaden«, brummte er. »Dann ließ ich ihn durch das Kanalgitter hinunter. Der Magnet zog den Hunderteuroschein an. Ich zog ihn herauf und steckte das Geld ein. Das ist nicht strafbar. Sie, Inspektor, können mir nicht beweisen, dass ich

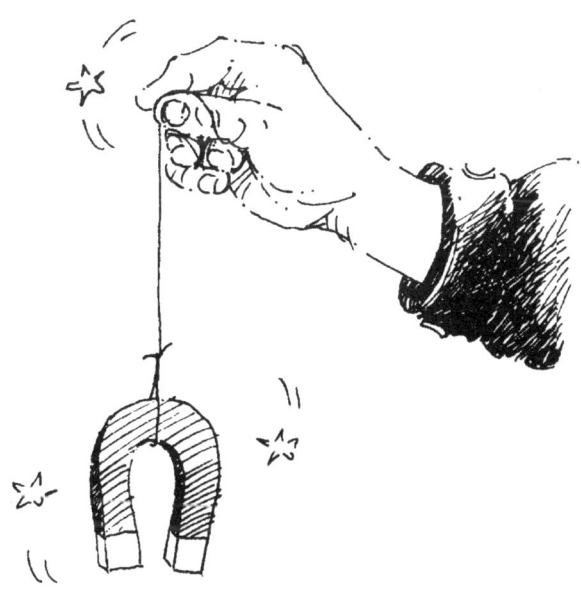

den Hunderter gestohlen habe. Sie haben
keine Zeugen dafür.«

Bobby Langfinger kam vor Gericht. Dort
erzählte Inspektor Greifzu, was er gesehen
hatte.

Bobby Langfinger hingegen erzählte von dem
Magneten, mit dem er den Hunderter aus dem
Abfluss geangelt hatte.

Da sagte der Richter: »Für wie dumm halten
Sie uns, Bobby Langfinger? Erstens beobachtete Inspektor Greifzu, wie Sie den Mann
beklauten. Zweitens . . .«

1 Punkt für dich, wenn du weißt, was der
Richter noch sagte.

Ein wunderschönes Märchen

Ein wunderschönes Märchen versprach die
Kindergarten-Tante den Kindern zu erzählen.
»Was für ein Märchen möchtet ihr hören?«,
fragte sie.
»Das vom Schneewittchen und den sieben
Zwergen!«, rief Birgit.
»Jaaa!«, riefen ihre Freundinnen und Freunde.
»Buuuuh!«, protestierte Johannes. Er konnte
Birgit nicht leiden, weil sie ihn einmal vertrimmt
hatte. »Ich möchte das Märchen von dem
gescheiten Wolf und dem doofen Rotkäpp-
chen!«, rief er.
Seine Freunde stimmten ihm zu.
Doris wünschte sich das Märchen vom Frosch-
könig.

Das Märchen vom Rumpelstilzchen wollten
Hannelore und Michael hören.
»Rumpelstilzchen ist blöd«, spottete Johannes.
»Du bist blöd!«, rief Elke.
»Streitet nicht«, sagte die Kindergarten-Tante.
»Wir sind noch lange im Kindergarten zusammen. Da kann ich euch noch viele Märchen
erzählen.«
Sie nickte den Kindern zu. »Heute erzähl ich
das Märchen, das sich die meisten von euch
gewünscht haben. – Das von Schneewittchen
und dem bösen Wolf.«
»Uiiii!«, riefen Birgit und Johannes. Dann lachten sie laut.
»Uiiiiii!!«, riefen die anderen Kinder und lachten
mit.
Die Kindergarten-Tante schaute verdutzt in die
Runde. Sie fragte sich, warum die Kinder bloß
so lachten.

1 Punkt für dich, wenn du es weißt.

Peter und Michael

Peter und Michael mögen einander nicht besonders. Warum, wissen sie selbst nicht. Es ist nun mal so.

Sie gehen in dieselbe Schulklasse, beide in die 2a. Vorgestern hatte die Lehrerin einige Sätzchen diktiert.

Gestern gab sie das Diktat zurück. Mit Michael

war sie nicht zufrieden. »Du hast mehr Fehler
als sonst gemacht«, sagte sie zu ihm.
Michael ärgerte sich.
Peter grinste unverschämt.
Da ärgerte sich Michael noch mehr.
Dann grinsten auch andere Kinder.
Warum?

MICHAEL IST DUMM!, hatte Peter auf einen
Zettel geschrieben. Den Zettel gab er heimlich
seinem Nachbarn. Der las ihn und schob ihn

weiter. Der Zettel wanderte von einem zum
andern.

Michael begriff nicht, warum immer mehr Jungen und Mädchen über ihn kicherten. Er bekam
den Zettel zuletzt.

Na warte!, dachte Michael. Er drohte Peter mit
der Faust.

Peter streckte ihm die Zunge heraus.

Die Lehrerin merkte nichts. Sie malte ein Bild
an die Tafel . . .

Am nächsten Morgen lief Michael früher als
sonst in die Schule. Er war der Erste im Klassenzimmer. Da schrieb er mit Kreide an die
große Tafel:

LESE NIE TSI RETEP!!!

Langsam trudelten die anderen Kinder ein. Sie
guckten auf die Wandtafel und ein Mädchen
fragte: »Was ist das?«

»Das ist eine Geheimschrift«, erklärte Michael.

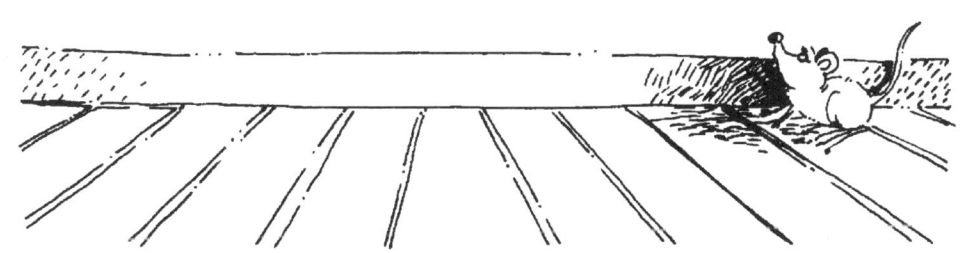

Und schon hatten einige die Geheimschrift entziffert. Sie lachten. Andere lachten mit.
Wie immer kam Peter als Letzter. Da lachten alle noch mal und zeigten mit den Fingern auf ihn.
»Äääätsch!«, spottete Michael.
Peter wusste sofort, was die Geheimschrift bedeutete. Wütend lief er zur Tafel und wischte sie mit dem Jackenärmel ab. Da läutete die Glocke. Die Lehrerin kam ins Klassenzimmer.
Verstohlen drohte Peter Michael mit der Faust.
Doch Michael sagte nur leise: »Bäääh.« Dann zeigte er Peter den Vogel.

Weißt du, warum sich Peter so aufregte?
Für die richtige Antwort darfst du dir **1 Punkt**
gutschreiben.

Voll auf die Bremse

Vor einer Woche hatte Christian Schneidig den Führerschein gemacht. Jetzt holte er sein neues Auto ab.

Der Autoverkäufer wünschte ihm eine Gute Fahrt. Christian Schneidig fuhr los. Alles ging bestens. Der neue Wagen lief super.

Christian Schneidig bog von der Hauptstraße in

eine Nebenstraße ein. Sie führte durch den
Wald. Hier war überhaupt kein Verkehr.
Christian Schneidig bummelte mit fünfzig Stun-
denkilometern dahin. Bummeln ist auch schön,
dachte er.
Gemütlich fuhr er um eine Biegung.
Hoppla! Knapp zehn Meter vor ihm lag ein
umgestürzter Baum quer über der Fahrbahn.
Christian Schneidig trat voll auf die Bremse.
Um Himmels willen! Sie funktionierte nicht!
Statt stehen zu bleiben, schoss der Wagen
nach vorn. Und schon krachte es.
Zum Glück hatte sich Christian Schneidig ange-
gurtet. So kam er mit fünf kleinen Schrammen
davon. Der Wagen war viel schlimmer beschä-
digt.
Der Krach alarmierte zwei Männer, die in der
Nähe Pilze suchten. Sie halfen Christian
Schneidig aus dem Wagen.
»Wie ist es geschehen?«, erkundigten sie sich.
Christian Schneidig erzählte aufgeregt: »Ich

sah den Baum und bremste. Aber die Bremse
funktionierte nicht!«

Einer der Männer setzte sich ins Auto und pro-
bierte die Bremse aus. »Sie funktioniert«,
stellte er fest.

»Auf welches Pedal sind Sie denn getreten?«,
erkundigte sich der andere Mann.

»Auf das Bremspedal selbstverständlich«, antwortete Christian Schneidig. »Ich trat mit dem
rechten Fuß auf das Pedal ganz rechts unten.
Da schoss der Wagen nach vorn, statt stehen
zu bleiben.«

»Dann kann die Bremse nichts dafür«, sagte
der Mann, der sie ausprobiert hatte.

Christian Schneidig ging ein Licht auf. Er
schlug sich an die Stirn. Dazu nannte er sich
etwas, das mit »Rind« anfing und mit »ieh« auf-
hörte.

Was hat Christian Schneidig falsch gemacht?
1 Punkt für dich, wenn du es weißt.

Der Minister

Nach einem Fußballspiel gab es Krach. Fans
gerieten aneinander.
Die Polizei griff ein. Sie nahm auch einen Aus-
länder fest.

Der Fremde protestierte. »Sie müssen mich sofort freilassen!«, schimpfte er wütend. »Ich bin der Käseminister des Königs der Schweiz!« »Dann kommen Sie erst recht mit, Sie Schwindler«, sagte der Polizeihauptmeister, der die Streife anführte.

Kaum zu glauben: In einem einzigen Satz schwindelte der Fremde gleich zweimal ganz unverschämt!

Zweimal kannst du »Das gibt es nicht« sagen und **2 Punkte** gewinnen.

Das Autospiel

Susanne fuhr mit ihren Eltern in die Ferien. Vater hatte Zimmer in einem Bauernhof bestellt.
Ferien auf dem Bauernhof!
Susanne freute sich darauf. Sie würde auf einem Pony reiten, mit Katzen spielen und Kälber streicheln.
Wenn die Autofahrt bloß nicht so lang dauern würde!

»Mach ein Spiel«, sagte Mutter. »Dann vergeht dir die Zeit schneller, als wenn du herummeckerst.«

»Was für ein Spiel?«, quengelte Susanne.

Mutter schlug das »Autospiel ohne Deutschland« vor.

Susanne fand den Namen ulkig und wurde neugierig.

»Es ist ganz einfach«, sagte Mutter. »Du schaust zum Fenster hinaus und zählst die Autos mit ausländischen Kennzeichen. Für jedes machst du einen Strich auf ein Zählblatt. Wenn du ein Auto mit F siehst, machst du hinter dem Buchstaben F einen Strich. F ist das Autokennzeichen für Frankreich.

Für niederländische Autos notierst du Striche hinter den Buchstaben NL, dem Kennzeichen der Niederlande.

Die Wagen mit einem D auf dem Nummernschild zählst du nicht. Das sind deutsche. Deshalb heißt der Spaß das ›Autospiel ohne Deutschland‹.

Kennzeichen ganz ferner Länder darfst du doppelt zählen. Das Spiel dauert zwanzig Minuten. Dann gehen wir zum Mittagessen. Alles klar?«

»Klar«, sagte Susanne. »Und was gibt's dafür?«

»Einen Rieseneisbecher, wenn du mehr als hundert ausländische Autos gezählt hast«, versprach Mutter.

Susanne ließ sich einen Schreibblock und einen Bleistift geben.

»Es ist zehn Minuten nach elf«, sagte Mutter.

Susanne begann mit dem »Autospiel ohne Deutschland«. Sie passte scharf auf – und mogelte nicht.

Die zwanzig Minuten vergingen schnell. Vater parkte den Wagen vor einem Gasthof. Die Familie ging zum Mittagessen.

Nach der Suppe zeigte Susanne ihrer Mutter den Zettel. Viele Striche waren darauf.

»Die chinesischen Autos hab ich doppelt aufgeschrieben«, erklärte Susanne, »weil China

ganz weit weg ist. Dass so viele chinesische
Autos bei uns fahren, hätt ich nicht gedacht.«
Sie wies auf die lange Strichreihe hinter dem
Kennzeichen CH. Dabei versuchte sie das
Lachen zu verbeißen.
Dafür lachte Mutter. »Was bist du doch für ein
Schlitzohr, Susanne«, sagte sie. »Aber auf so
etwas fall ich denn doch nicht herein.«
»Ein Aprilscherz im Juli«, meinte Vater und
lachte mit.

Für den Rieseneisbecher reichte es trotzdem.

Worauf ist Susannes Mutter nicht hereingefallen?
Für die richtige Antwort erhältst du **1 Punkt.**

Die Wette gilt

Adalbert und Adrian Brandstätter waren zwanzig Jahre und elf Tage alt. Sie glichen einander wie ein Ei dem anderen. Wenn sie beisammen standen, konnten nicht einmal Freunde sagen, wer Adalbert und wer Adrian war.
Die zwei waren Zwillinge.
Sie hatten den gleichen Gang und die gleiche Aussprache. Beide machten dieselben Bewegungen und jeder spielte gern Tennis.
Sie schwärmten für Wiener Schnitzel und mochten keinen Reisbrei. Selbst die Monogramme auf ihren T-Shirts waren gleich: A. B.
Wenn Adalbert nach einem Unterschied gefragt wurde, antwortete er: »Mein Bruder Adrian raucht Zigaretten. Ich kann den Qualm nicht ausstehen.«
Selbstverständlich spielten beide im selben Tennisklub.
Und eines Tages wettete der Trainer mit ihnen.

Es war gegen Abend. Die Tennisspieler saßen nach dem Training im Klubheim zusammen.

Da sagte der Trainer zu den Zwillingen: »Wetten, dass ich euch bei unserem Faschingsball nach spätestens zwanzig Sekunden auseinander kenne?«

»Das schaffst du nie«, behaupteten die Zwillinge gemeinsam.

»Wie viel wollt ihr verlieren?«, spottete der Trainer.

»Nichts«, antwortete einer der beiden. »Wir werden gewinnen.«

»Zehn Euro, wenn es dir Recht ist«, sagte der andere.

Der Trainer nickte. »Die Wette gilt!« Er streckte den beiden die Hände hin. Adalbert und Adrian Brandstätter schlugen ein.

Die Kameraden schüttelten die Köpfe. Alle hielten den Trainer für leichtsinnig. Die zehn Euro würde er glatt verlieren, das stand fest.

Nur der Trainer hatte keine Bedenken. Er
schmunzelte vergnügt . . .
Zum Faschingsball erschienen die Zwillinge als
Spanier. Sie waren ganz gleich kostümiert.
Selbst das gleiche Bärtchen hatte sich jeder
unter die Nase geklebt.
Die Ballgäste warteten gespannt. Die Wette
hatte sich herumgesprochen.

Mit tänzelnden Schritten gingen die Zwillinge in die Mitte des Saales. Dort wartete der Trainer. Die anderen drängten zum Kreis zusammen.

»Fertig?«, fragte der Klubvorstand.

»Fertig«, antworteten die Zwillinge und der Trainer.

»Die zwanzig Sekunden laufen an«, verkündete der Vorstand. Er drückte auf eine Stoppuhr. Adalbert und Adrian Brandstätter standen wie Statuen.

»Ich bin ein wenig nervös«, gestand der Trainer. Die Zwillinge grinsten.

»Noch vierzehn Sekunden«, sagte der Klubvorstand.

Der Trainer nagte an der Unterlippe. »Wenn ich nervös bin, brauch ich eine Zigarette«, murmelte er. Hastig wühlte er in seinen Taschen.

»Zu dumm«, brummte er ärgerlich. »Ich hab meine Zigaretten auf dem Tisch liegen lassen.« Er hielt einem der Zwillinge die Hand hin.

»Würdest du mir einen Glimmstängel geben?«

Der Zwilling lachte. »Ich rauch doch nicht, du Dussel!«

»Noch fünf Sekunden!«, rief der Vorstand.

»Ich bin so weit«, sagte der Trainer. Er zeigte auf den Zwilling, der »Dussel« gesagt hatte. »Du bist Adalbert.« Dann nickte er dem anderen zu. »Und du bist Adrian. Stimmt's oder hab ich Recht?«

Die Zwillinge bezahlten zehn Euro, jeder fünf.

Und Adrian sagte zu Adalbert: »Der Dussel bist du!«

Warum sagte er das?

1 Punkt für dich, wenn du es richtig erklärst.

Robin Gicks

Am ersten April feierte Stefan seinen sechsten
Geburtstag.
Mutter hatte eine Torte gebacken und Kakao
gekocht. Am Tisch saßen Stefan, seine
Schwester Erika, Vater und Mutter.

72

Die Nachbarskinder waren erst zum Nachmittagskakao eingeladen.

Während des Frühstücks erzählte Vater die seltsame Geschichte von Robin Gicks.

»Robin Gicks ist ein Gockelhahn«, erzählte er. »Vor dreizehn Tagen begann er zu spinnen.«

»Wie denn?«, fragte Erika.

Vater erzählte weiter: »Vor dreizehn Tagen stellte er sich ganz genau auf die Grenze zwischen Deutschland und Frankreich. Da rührt er sich nicht vom Fleck, nicht einmal im Schlaf.«

Mutter und Erika schmunzelten.

Vater fuhr fort: »Mit seiner vorderen Hälfte steht er in Deutschland, mit der hinteren Hälfte in Frankreich.«

»Und weiter?«, drängte Stefan.

»Ja«, meinte Vater, »verhungern soll Robin Gicks natürlich nicht. Erratet ihr, wo er gefüttert wird?«

»In Deutschland natürlich«, antwortete Erika.

Sie bemühte sich nicht zu lachen. Mutter hielt sich die Hand vor den Mund.

»Richtig«, sagte Vater. »Und wo legt er seine
Eier?«
»In Frankreich!«, rief Stefan.
Da konnten sich Mutter und Erika nicht länger
zurückhalten. Sie lachten laut – und Vater
lachte mit.

1. Warum schmunzelten Mutter und Erika zuerst?
2. Warum lachten sie und Vater dann laut? Für
zwei richtige Antworten darfst du dir **2 Punkte**
gutschreiben.

Das Geheimnis der Insel

Fast ein Jahr lang hatte Daniel Seekieker eine Insel gesucht, die noch nicht entdeckt war und keinen Namen hatte. Er wollte sie »Daniel-Seekieker-Insel« nennen.
Elf Monate lang war er im Hubschrauber unterwegs gewesen.

Vor drei Wochen hatte es geklappt.

Was er erlebt hatte, erzählte er jetzt seinen Nichten und Neffen.

»Es war im Stillen Ozean«, berichtete er. »Dieser Ozean ist ein riesiges Meer links von Amerika. Dort entdeckte ich meine Insel. Vom Hubschrauber aus sah ich sie erst aus allernächster Nähe.«

»Warum?«, wollte Nichte Brigitte wissen.

»Wahrscheinlich ist die Insel klein«, meinte Neffe Andreas.

»Winzig klein«, sagte Onkel Daniel. »Winzig, aber oho!«

»Hast du einen Schatz darauf entdeckt?«, fragte Neffe Michael.

»Ich entdeckte ein Geheimnis«, sagte der Onkel geheimnisvoll.

Die Kinder zappelten vor Neugierde.

Daniel Seekieker fuhr fort: »Ich landete auf einem winzigen Sandstrand. Darauf standen zwei Palmen und viel Gestrüpp. Dahinter ragte

ein mächtiger Fels auf.« Er machte eine Pause,
als ob er nachdenken müsse.

»Weiter!«, riefen die Kinder. »Erzähl weiter,
Onkel!«

»Zwischen den Bäumen stand ein Denkmal«,
erzählte Daniel Seekieker. »Es war aus Stein
gemeißelt und ziemlich verfallen. Aber die
Schrift darauf erkannte ich deutlich.«

»Hast du sie lesen können?«, fragte Nichte Bärbel.

»Ja«, antwortete der Onkel. »Ich konnte sie lesen und habe sie entziffert. Dazu brauchte ich sieben Stunden lang. Die Botschaft war in einer sehr schweren Sprache abgefasst.« Daniel Seekieker nickte vor sich hin.

Die Kinder wollten wissen, was auf dem Denkmal stand.

»Etwas sehr, sehr Wichtiges«, erklärte der Onkel.

»Was denn?«, drängte Neffe Andreas.

»Eine geheimnisvolle Botschaft aus alter Zeit«, erklärte Daniel Seekieker. »Sie gilt noch heute und überall auf der Welt.« Er zuckte die Achseln. »Leider konnte ich das Denkmal nicht fotografieren. Kurz vor der Landung war meine Kamera ins Meer gefallen und versunken.«

Er griff zu Papier und Bleistift. »Ich zeichne es euch auf.«

Während er malte, spitzten ihm die Kinder über die Schultern.

Und so sah das Bild dann aus:

»Was für eine Sprache ist es denn?«, fragte
Nichte Brigitte.
»Vielleicht Ozeanisch«, meinte Neffe Michael.

»Quatsch«, spottete Neffe Andreas. »Ozeanisch gibt's nicht.«

Daniel Seekieker schmunzelte vor sich hin.

Da rief Nichte Bärbel: »Spitze, Onkel Daniel!«

Die anderen Kinder sahen sie verwundert an.

»Weißt du vielleicht, was auf dem Denkmal
steht?«, spöttelte Andreas.

»Aber ja«, sagte Bärbel vergnügt.

1 Punkt für dich, wenn auch du die geheimnisvolle Botschaft entzifferst.

Die Probearbeit

»Jetzt schreibt ihr eine kleine Probearbeit«,
sagte der Klassenlehrer der Vierten zu seinen
Jungen und Mädchen. »Ich gebe euch fünfzehn Minuten Zeit dazu. Schreibt auf, wie sich
verschiedene Tiere wehren. Noten gibt's keine. Die fünf Besten bekommen Bücher von
mir.«
Die Klassensprecherin meldete sich.
»Ja, Claudia?«, fragte der Lehrer.
»Sagen Sie uns bitte ein Beispiel, Herr Müller,
damit wir es richtig machen«, bat die Klassensprecherin.
»Ich hätte es sowieso getan«, sagte der Lehrer
und nannte das Beispiel: »Der Hund wehrt sich
mit Zubeißen.«
Claudia bedankte sich.
»Den Hund schreibt bitte nicht auf«, sagte der
Lehrer. »Und jetzt geht's los.«
Dreiundzwanzig Füller fuhren über dreiund-

zwanzig Papierblätter; zuerst schnell, dann immer langsamer . . .

Drei Tage später gab Herr Müller die Arbeiten zurück und verteilte die Preise.

Auf Claudias Zettel hatte er geschrieben: »Zwei Tiere wehren sich leider nicht so, wie du denkst.«

Hier ist Claudias Probearbeit:

Wie sich Tiere wehren

Der Igel wehrt sich mit seinen Stacheln.

Das Pferd verteidigt sich mit Hufschlägen.

Die Katze kämpft mit ihren Krallen.

Die Biene, die Libelle und die Wespe stechen mit Giftstacheln zu. Der Zitterrochen und der Zitteraal teilen elektrische Schläge aus. Das weiß ich von meinem Opa.

Das Lama und der Maulwurf spucken den Angreifer an. Das Reh und der Hase laufen weg. Mehr weiß ich nicht.

2 Punkte für dich, wenn du die Tiere findest, die sich nicht so wehren, wie Claudia denkt.

Der Unschuldige

Norbert Nimmsgern stand wieder einmal vor Gericht.

»Schämen Sie sich nicht?«, tadelte ihn der Richter. »Jetzt sind Sie zweiundfünfzig Jahre alt und stehlen noch immer!«

Norbert Nimmsgern schüttelte den Kopf. »Das ist ein völlig falscher Irrtum, Herr Richter.« Er legte die Hand aufs Herz. »Ich bin unschuldig wie ein frisch gewaschener Engel.«

»Machen Sie keine Witze«, sagte der Richter streng. »Frau Vogel, Ihre Nachbarin, behauptet etwas ganz anderes.«

»Allerdings!«, rief Frau Vogel aus dem Gerichtssaal heraus. »Beklaut hat er mich!«

Norbert Nimmsgern protestierte. »Glauben Sie ihr nicht, Herr Richter! Ich kenne die Vogel. Die lügt zweimal, wenn sie einmal den Mund aufmacht.«

»Das ist die Höhe!«, fauchte die Klägerin.

Der Richter befahl Ruhe. Dann wandte er sich
an Frau Vogel. »Haben Sie den Dieb gesehen?«
Die Klägerin nickte. »Ganz deutlich, Herr Richter.
Es war gegen zehn Uhr nachts. Ich kam aus einer
Versammlung. Da sah ich den Angeklagten von
meinem Haus weglaufen. Sie müssen wissen,
Herr Richter, dass vor meinem Haus eine Stra-
ßenlampe brennt. Ich erkannte diesen Menschen
genau.« Sie zeigte auf den Angeklagten.
»Nun, Herr Nimmsgern?«, fragte der Richter.
»Gesehen hat sie mich schon«, gab der Ange-

klagte zu. »Und ich bin auch gelaufen.« Er hob
den Finger. »Aber nur weil ich meinem Hut nach-
rannte. Den hat mir der Wind vom Kopf geweht.«
Frau Vogel lachte höhnisch.
»Wie viel Geld wurde Ihnen gestohlen?«,
erkundigte sich der Richter.
»Sehr viel«, antwortete die Klägerin. »Ich hatte
eine größere Menge im Haus. Am nächsten Tag
wollte ich nämlich den Tapezierer bezahlen.«

»Wo bewahrten Sie das Geld auf?«, fragte der Richter weiter.

»Im Nachtkästchen«, gestand Frau Vogel.

»Ziemlich leichtsinnig«, meinte der Richter.

»Wie viel war es genau?«

»Tausend Euro«, stöhnte die Klägerin.

Da konnte sich Norbert Nimmsgern nicht zurückhalten. »Jetzt haben wir sie!«, rief er aufgeregt. »Die Vogel muss verurteilt werden, nicht ich!«

»Warum denn?«, fragte der Richter.

»Weil sie das Gericht belogen hat«, erklärte Nimmsgern. »Wer das Gericht anlügt, gehört hinter Gitter!«

»Wieso belogen?«, wollte der Richter wissen.

»Tausend Euro hätte sie im Nachtkästchen gehabt«, spottete der Angeklagte, »dass ich nicht lache! Lumpige dreihundertzwanzig waren drin und kein Cent mehr!«

Der Richter pfiff durch die Zähne.

Frau Vogel lachte grimmig.

Norbert Nimmsgern stutzte einen Augenblick.
Dann murmelte er: »Ich Idiot!«
Und der Richter verurteilte ihn wegen Dieb-
stahls.

Womit hat sich Norbert Nimmsgern verraten?
Die richtige Antwort wird mit **1 Punkt** belohnt.

Die Aufstellung

Trainer und Spieler des Fußballvereins »Volle Lunge« waren mächtig aufgeregt. Übermorgen sollte das Spiel gegen den Fußballklub »Immer feste druff« stattfinden.

Vierzehnmal hatte der »Volle-Lunge-Verein« gegen »Immer feste druff« bisher gespielt – und vierzehnmal verloren.

Das sollte jetzt anders werden!

»Übermorgen werden wir gewinnen«, prophezeite der Trainer seinen Spielern. »Ich habe mir eine neue Mannschaftsaufstellung ausgedacht. Heute probieren wir sie aus.«

»Eine neue Aufstellung?«, fragte der Spielführer misstrauisch.

Der Trainer nickte. »Jawohl! Ein Mann im Tor, drei Spieler in der Verteidigung, vier im Mittelfeld und vier Mann im Angriff.«

»Willst du uns auf den Arm nehmen?«, fragte der Torwart.

Wieso fragte er das?
Schlaue Detektive finden die richtige Antwort
schnell – und kassieren **1 Punkt.**

Pippo, der Clown

Der Zirkus war klein, der Clown ganz groß.
Über seine Späße lachten sich die Kinder halb
tot.
Die Nachmittagsvorstellung war bereits aus-
verkauft.
Einige Jungen und Mädchen, die den Clown
schon ein-, zwei- oder gar dreimal gesehen
hatten, waren wieder gekommen.
Der Clown hieß Pippo.
»Bravo, Pippo!«, jubelten die Kinder, als er
ungeschickt in die Manege torkelte.
Der Clown war aber gar nicht betrunken, er tat
nur so.
Diesmal hatte er sich etwas Besonderes aus-
gedacht.
Er stolperte über die eigenen Füße, fiel auf die
Nase und zog sich langsam an den Ohren
hoch.
Dann verkündete er: »Heute stelle ich den

Weltrekord im Schnellsprechen auf. Und dabei werde ich kein einziges Mal Luft holen.

Trotzdem werdet ihr jedes Wort verstehen.
Und – ich werde im Kopfstand reden. Ist das
etwas für euch?«
»Jaaa!«, riefen die Jungen und Mädchen
begeistert.
Der Clown machte einen Luftsprung.
»Und anschwindeln werde ich euch auch
dabei!«, quiekte er fröhlich.

Das glaubten die Kinder nicht.

»Doch!«, versicherte Pippo. »Wer mich beim Schwindeln ertappt, bekommt . . .«

»Was?«, riefen die Kinder neugierig.

Er kratzte sich hinter dem Ohr. »Ja – was bekommt denn der oder die?«

»Tausend Euro!«, rief ein Mädchen aus der ersten Reihe.

»Jaaaaa!!«, lärmten die anderen Kinder.

Der Clown wartete eine Weile. Dann hob er die Hand.

Im Zelt wurde es ruhig.

»Gut«, sagte Pippo. »Tausend Euro – aber nicht in Geld.«

Er zog einen Luftballon aus der Tasche und blies ihn auf.

»Diesen Luftballon«, verkündete er, »bekommt der Junge oder das Mädchen, das mich zuerst beim Schwindeln ertappt. Er ist mindestens tausend Euro wert – wenn nicht noch weniger!«

Die Kinder klatschten in die Hände.

Der Clown gab ein Zeichen. Die Zirkusmusik spielte einen Tusch.

»Also dann!«, rief Pippo in die Runde. »Dann werde ich euch verraten, welche Nahrungs-mittel meine Mutter im Kühlschrank frisch hält!«

Einige Kinder murrten enttäuscht.

Der Clown winkte ab.

»Ich werde nur zehn Sekunden dazu brauchen. Und ich werde keine Luft holen, während ich rede.«

»Und auf dem Kopf stehen!«, rief ein Junge laut.

Pippo nickte ihm zu. »Selbstverständlich. Doch jetzt gebt Acht, damit ihr alles versteht. Wer eine Stoppuhr dabeihat, darf die zehn Sekun-den stoppen.«

Ein Junge hatte tatsächlich eine Stoppuhr dabei.

»Jetzt!«, rief der Clown.

Der Junge mit der Stoppuhr drückte auf den Knopf.

Pippo machte zuerst einen Kopfstand und legte dann plötzlich im Blitztempo los: »Meine Mutter hält dreizehn verschiedene Nahrungsmittel im Kühlschrank frisch. Und jetzt verrate ich euch welche: Milch, Butter, Eier, Salz, Fleisch,

Wurst, Jogurt, Sahne, Zucker, Käse, Quark,
Fische und Sauerkraut. – Fertig!«
Er machte einen Überschlag rückwärts und
stand auf den Beinen.
Dann atmete er ganz tief ein.
»Wie viele Sekunden?«, fragte er den Jungen
mit der Stoppuhr.
»Neun!«, rief der Junge.
Alle Kinder klatschten Beifall.
»Und wer kriegt den Luftballon?!«, kreischte
Pippo in den Lärm.
Es wurde still. Die Kinder sahen sich um. Alle
waren gespannt.
Ein Junge in der hintersten Reihe meldete sich.
»Ich, Pippo. Du hast zwei Nahrungsmittel
genannt, die nicht in den Kühlschrank gehö-
ren.«
»Bravo«, lobte der Clown.
Und der Schlaufuchs bekam den Luftballon,
der mindestens tausend Euro wert war – wenn
nicht noch weniger.

Sicher hast auch du die beiden Nahrungsmittel herausgefunden, die nicht in den Kühlschrank gehören. Wenn ja, **2 Punkte** für dich.

Das Ungeheuer

Peter ist eine richtige Wasserratte. Im vergangenen Herbst ist er beim Kinder-Schwimmfest allen anderen davongeschwommen und Sieger geworden.

Zu Weihnachten haben ihm Vati und Mutti dann wunderschöne Schwimmflossen geschenkt.

Peter freut sich. Mit Schwimmflossen schwimmt er bestimmt doppelt so schnell wie ohne.

Nur schade, dass es Weihnachten ist. Da ist es im Freien zu kalt zum Schwimmen und das Schwimmbad ist geschlossen. So was Dummes, denkt Peter.

Draußen liegt Schnee. Im Schnee schwimmen geht nicht. Da bleibt man liegen und kriegt einen kalten Bauch.

Peter hält die Daumen, dass die nächsten drei Wochen ganz schnell vorbeigehen. In drei Wochen wird das Schwimmbad wieder geöffnet. Dann sollen die anderen sehen, wie Peter

mit seinen Schwimmflossen vorbeizischt! Oder
ist es verboten, im Hallenbad mit Flossen zu
schwimmen?
Da müsst ich ja bis zum Sommer warten, denkt
Peter und findet sein Weihnachtsgeschenk nicht
mehr so schön. Ein Geschenk, denkt er, ist erst
toll, wenn man vor anderen damit angeben kann.
Peter setzt sich auf sein Bett, guckt auf die
Schwimmflossen und überlegt.

Zwei Tage später schreit die Nachbarin: »Hilfe!
Ein Ungeheuer! Hilfe! Zu Hilfe!«
Peter, seine Eltern und die anderen Nachbarn
eilen aus den Häusern.
»Was ist los?«, fragen sie.
Die Nachbarin zeigt in den Schnee. »Da ist ein
Ungeheuer herumgestiegen!«, ruft sie aufgeregt.
»Es hat seine Fußabdrücke hinterlassen. Seht sie
an! Es muss eine schrecklich große Ente sein!«

»Tatsächlich«, murmelt ein Nachbar.

Die Spur im Schnee ist ganz deutlich. Sie kommt aus dem Haus, in dem Peter mit seinen Eltern wohnt. Von da führt sie durch eine Zaunlücke in den Garten der Nachbarin hinüber. Dort macht sie eine Schleife und geht in Peters Haus zurück.

»Es sind Abdrücke von riesigen Entenfüßen mit Schwimmhäuten zwischen den Zehen«, murmelt eine Oma ehrfurchtsvoll. »So ein Enten-Monster passt in die größte Bratpfanne nicht hinein.«

Peter, sein Vati und seine Mutti schmunzeln dazu.

Weißt du, warum?
Wenn ja, darfst du dir **1 Punkt** gutschreiben.
Wenn nicht – sieh bitte hinten nach!

Frau Piepenspar kriegt Ärger

Im Sommerschlussverkauf sind Sommer-
sachen billiger als vorher.
Warum?
Ganz einfach: Die Geschäftsleute wollen dünne
Kleider und leichte Schuhe rasch loswerden,

um Platz für Winteranzüge und gefütterte Stiefel zu bekommen. Wer kauft schon noch Sommerkleider im Herbst?

Frau Piepenspar dachte: Im nächsten Jahr wird es auch wieder warm. Da kaufe ich jetzt billige Sommersachen und muss im Frühjahr keine teuren bezahlen.

Sie kaufte Sandalen, eine Sonnenbrille und einen Strohhut. Alles zusammen für neunundzwanzig Euro und fünfzig Cent.

Dann wollte sie mit einem Dreißigeuroschein bezahlen und bekam Ärger mit der Verkäuferin.

Wieso?
Wenn du es weißt, hast du **1 Punkt** gewonnen.

Onkel Ottos Abenteuer

Onkel Otto ist ein mutiger Mann. Er reist in der Welt umher, um wilde Tiere zu schießen. Aber er tötet sie nicht, er schießt sie mit der Kamera. Das heißt: Er fotografiert sie.

Und weil er ein ausgezeichneter Fotograf ist, kommen seine Tierbilder in viele Bücher, Zeitungen und Zeitschriften. Damit verdient Onkel Otto eine Menge Geld.

Sein Neffe Herbert und seine Nichte Gisela freuen sich jedes Mal, wenn er von einer Weltreise zurückkommt. Dann erzählt er ihnen seine neuesten Abenteuer.

Das tut er auch jetzt. Vor zwei Tagen ist er aus Afrika zurückgekehrt. Nun sitzt er mit Herbert und Gisela zusammen und erzählt ihnen sein tollstes Abenteuer. Er hat es am Nil erlebt.

»Der Nil«, erklärt er, »ist ein großer Fluss in Ägypten. Dort stehen auch die Pyramiden. Zu

106

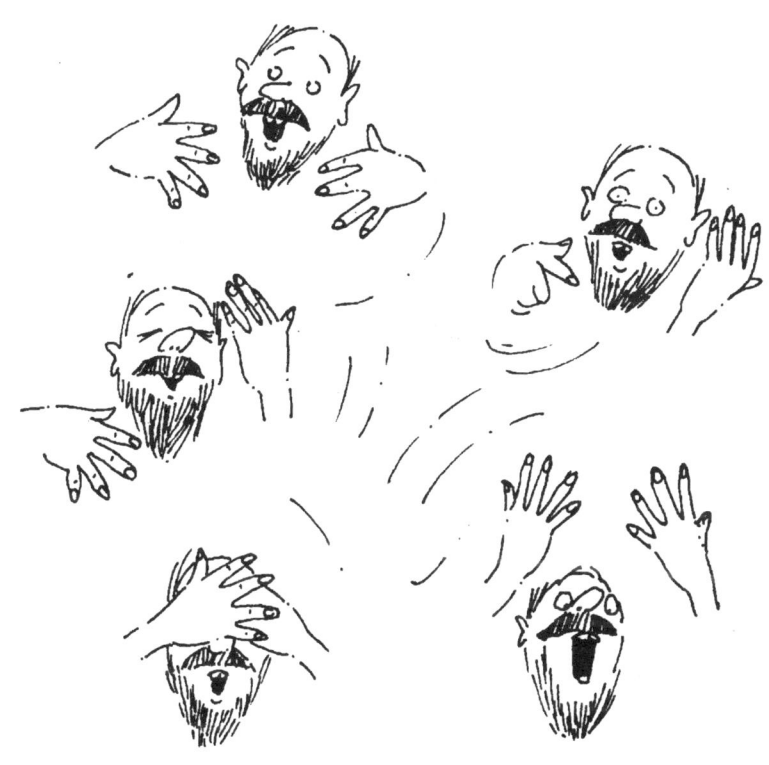

diesen Pyramiden reiten viele Urlauber auf
Kamelen.«

»Hast du Kamele fotografiert?«, fragt Gisela.

»Auch«, sagt Onkel Otto. »Aber mein tollstes
Abenteuer hab ich nicht mit Kamelen erlebt.«

»Erzähl schon«, drängen Herbert und Gisela
und rücken dicht an ihn heran.

»Mein tollstes Abenteuer«, erzählt Onkel Otto,
»begann, als ich in Ägypten Nilpferde fotogra-
fierte. Ihr kennt sie aus dem Zoo. Es sind mäch-
tige Tiere. Wenn euch so ein Schwergewicht
auf die Zehen steigt, tut es sehr weh. Ich foto-
grafierte also ein Nilpferd. Es war mindestens
vier Meter lang und wog bestimmt so viel wie

ein mittlerer Lastwagen. Das Klicken meiner Kamera regte das Tier auf. Es watete aus dem Nil heraus und stapfte auf mich zu.«

Onkel Otto kratzt sich hinter dem Ohr. »Mir wurde mulmig zu Mute«, gesteht er. »Ich lief davon. Erst nach einer Weile drehte ich mich um. Da stand das Nilpferd am Nil und schüttelte den Kopf.«

»Und weiter?«, fragt Herbert.

Onkel Otto zuckt die Achseln. »Ob das Nilpferd über mich den Kopf geschüttelt hat, weiß ich nicht. Es kann auch nur das Wasser abgeschüttelt haben.«

Er trinkt einen Schluck Kaffee. Dann hebt er den Finger und flüstert geheimnisvoll: »Noch während ich mich über das Nilpferd wunderte, das seinen Kopf schüttelte, zischte es über mir. Ich sah nach oben und erschrak. Da flog ein riesiges Krokodil heran. Genau über mir legte es die Flügel an den Körper und sauste im Sturzflug auf mich herunter. Im letzten Augenblick warf ich mich zur Seite.«

Onkel Otto atmet auf und erzählt den Schluss: »Das Krokodil stieß mit der Schnauze in den Wüstensand und blieb darin stecken. Hilflos schlug es mit den Flügeln. Schnell machte ich ein Foto. Dann rannte ich davon, so rasch ich konnte.«

»Ein tolles Abenteuer«, meint Herbert.

»Das tollste Abenteuer kommt erst jetzt«, sagt Onkel Otto.

»Schieß los«, drängt Gisela.

Onkel Otto seufzt. »Das Tollste entdeckte ich,
als ich weit und breit kein Nilpferd und kein Krokodil mehr sah. Da merkte ich, dass ich meine
Brieftasche verloren hatte. Wahrscheinlich
beim Nilpferd. Ich lief zurück und fand sie nicht.
Das Nilpferd hatte sie wohl aufgefressen. Es
war verschwunden und das Krokodil auch.«
Onkel Otto seufzt wieder. »In meiner Brief-

tasche waren tausend Euro und elf Cent. Stellt
euch vor: tausend Euro und elf Cent im Bauch
eines Nilpferdes!«

»Pech«, meint Herbert.

»Und angeflunkert hast du uns auch ganz
schön«, sagt Gisela. »Von dem, was du uns
erzählt hast, gibt es eines ganz bestimmt nicht.«
Onkel Otto lacht. »Stimmt«, sagt er. »Bravo,
Gisela.«

Ja – was gibt es denn ganz bestimmt nicht?
Weißt du es? – Dann gibt es ganz bestimmt **1
Punkt** für dich.

Es war einmal ein König

Es war einmal ein König, der wurde am
31. Dezember geboren; zu Silvester also, am
letzten Dezembertag. Und weil er manchmal
verrückte Ideen hatte, wollte er seinen
fünfzigsten Geburtstag verrückt feiern.
Eine Woche vorher ließ er im ganzen Land
bekannt machen:
»Jeder, der an einem Monatsletzten geboren
wurde, ist zu meinem Geburtstagsfest eingela-

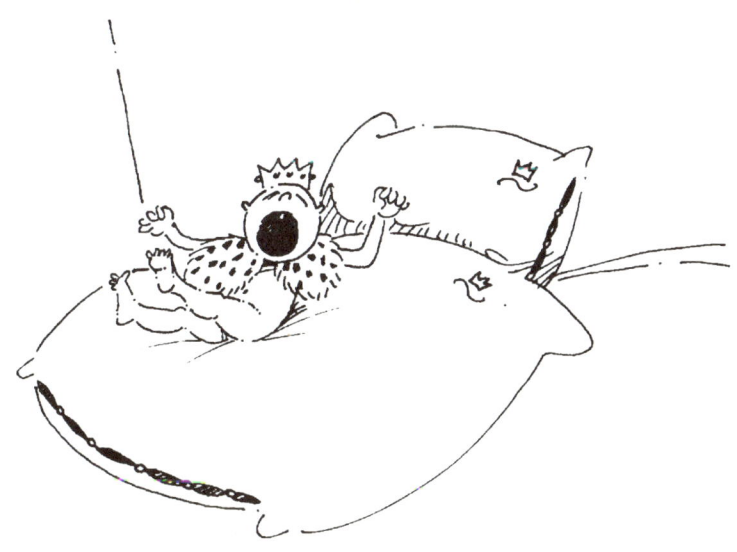

den. Es gibt ein großes Festessen und jeder
Gast bekommt ein Goldstück dazu. Geladen
sind Männer, Frauen und Kinder.«
Da gab es freudige Aufregung und lange
Gesichter. Freude bei denen, die am letzten
Tag eines Monats geboren waren, lange
Gesichter bei den anderen.
Die Glücklichen kamen ins königliche Schloss.
Sie stellten sich vor dem König auf, verbeugten
sich oder machten einen Knicks. Dann sagte
jeder seinen Namen und seinen Geburtstag.

ANNA MÜLLER WENDELIN PFIFFERLING ANTON + JOHANNA DOPPELMOSER PETER HORNIG GOTTLIEB SELIG EMMA NADLER

M
7

Es waren so viele, dass ihre Namen in diesem Büchlein keinen Platz hätten. Deshalb nenne ich nur eine Person für jeden Monatsletzten. Die erste war eine Frau. Sie machte einen Knicks vor dem König und sagte: »Ich heiße Anna Müller. Mein Geburtstag ist der 31. Januar.«

Für den zweiten Monat verbeugte sich Wendelin Pfifferling. »Ich wurde am 30. Februar geboren«, sagte er und verbeugte sich noch einmal.

Die Zwillinge Anton und Johanna Doppelmoser

SE DAVID + MICHAEL + SUSANNE
DREIFACH
BORIS + ENGELBERT
ZWIESAM
CÄSAR
GRIMMIG
BARBARA
LUSTIG

waren am 31. März auf die Welt gekommen.

Sie waren fast neunzig Jahre alt.

Nur fünf Jahre alt war Peter Hornig, geboren am 30. April.

Den 31. Mai gab Pfarrer Gottlieb Selig als Geburtstag an, den 30. Juni die Schneiderin Emma Nadler.

Am 31. Juli war Max Fröhlich geboren, am 31. August seine Schwester Therese. Sie war fast zwei Jahre jünger als er.

Für den 30. September meldeten sich Drillinge. Sie waren 18 Jahre alt und hießen David, Michael und Susanne Dreifach.

Schon wieder Zwillinge gab es für den 31. Oktober: die Brüder Boris und Engelbert Zwiesam.

Dann trat der Polizeiinspektor Cäsar Grimmig vor, stand stramm und schnarrte: »Geboren am 30. November, Majestät!«

Mit dem König fünfzig Jahre alt wurde an diesem 31. Dezember die Witwe Barbara Lustig.

Dann guckte der König alle Männer, Frauen

und Kinder noch einmal scharf an, blieb vor
einem Gast stehen und sagte: »Für wie dumm
hältst du mich? Verschwinde, bevor ich dich
von Cäsar Grimmig verhaften lasse!«

Hier gibt es **2 Punkte** zu gewinnen:
Den ersten Punkt für die richtige Antwort auf
die Frage »**Wen** schickte der König weg?«.
Den zweiten für die richtige Antwort auf die
Frage »**Warum?**«.

Drei gegen einen

Susi, Karin und Elke hören zwei Straßen-
musikanten zu. Der eine spielt Akkordeon, der
andere Klarinette. Vor ihnen liegt eine Papp-
schachtel.

118

Manche Leute werfen Geld hinein, meistens
Zehncentstücke.

»Die verdienen nicht viel«, meint Susi.

»Sie spielen nicht besonders gut«, sagt Karin.

»Mein Vati bläst Klarinette in der Feuerwehr-
kapelle. Er kann's besser.«

Auf dem Heimweg gibt sie dann mit ihrem Vati
so toll an, dass die anderen neidisch werden.

Und Elke sagt: »Meine Mutti spielt Klavier.
Manchmal singt sie dazu. Dein Vati kann nicht
singen, wenn er Klarinette bläst.«

Elke ist eingeschnappt.

Da will auch Susi nicht zurückstehen. »Mein
Bruder übt Trommel«, trumpft sie auf. »Wenn
der hinhaut, hört ihr kein Klavier und keine
Klarinette mehr.«

Bevor sich Karin und Elke aufregen, lacht
jemand hinter ihnen. Es ist Peter Baumann. Er
geht mit Susi, Karin und Elke in dieselbe
Schulklasse. Gescheit ist er nicht, dafür um so
frecher. Er hat Susis Prahlerei gehört und

spottet: »Dein Bruder hat keine Ahnung von Musik!«

Da halten die Mädchen zusammen. »Du vielleicht, du Angeber?«, fahren sie Peter an.

»Bei euch daheim können sie gerade noch Radio spielen«, sagt Elke schnippisch. Karin und Susi kichern dazu.

»Denkste«, prahlt Peter. »An meinen Opa kommt niemand ran!«

»Dein Opa?«, stichelt Elke. »Was bläst er denn?«

»Luftballone auf?«, spöttelt Susi.

»Gänse!«, faucht Peter. »Mein Opa bläst Cello!«

Mehr kann er nicht sagen. Die Mädchen lachen

so laut, dass es ihm die Rede verschlägt. Da
dreht er sich um und geht davon.

Womit hat sich Peter blamiert?
1 Punkt für dich, wenn du richtig antwortest.

Pech für Sigi

Der Kriminalkommissar Wilhelm Paletti war
Opa und wohnte in München. Seine Tochter
war in Hamburg verheiratet; das ist weit von
München entfernt. Sie hatte einen Sohn. Er
hieß Alexander und war zwölf Jahre alt.
Alexander besuchte den Opa gern, weil der ihm
immer so tolle Detektivgeschichten erzählte.
Einmal war Alexander in so einer Geschichte
mittendrin. Sie begann am 24. September.
Gegen acht Uhr abends fing es in Hamburg zu
regnen an. Eine Stunde später stürmte es. Da

goss es wie aus Kannen und es blitzte und donnerte dazu. Erst gegen halb acht Uhr morgens hörte der Regen auf.

Kurz danach rief Alexander den Opa an. Er erzählte von dem Unwetter, das die ganze Nacht über in Hamburg getobt und einige Stadtteile überschwemmt hatte.

»Unsere Keller stehen unter Wasser«, sagte er am Telefon. »Es ist viel kaputtgegangen. Und Vati ist knapp bei Kasse. Könntest du uns

helfen, Opa? Zweitausend Euro machen dir doch nicht viel aus – oder?«

»Ich schick sie euch«, versprach Wilhelm Paletti.

»Danke, Opa«, sagte Alexander. »Und schick das Geld bitte bald.« Dann machte es »klick«. Alexander hatte den Hörer aufgelegt.

Kommissar Paletti musste sich jetzt beeilen, um rechtzeitig in sein Polizeibüro zu kommen. Dort erwartete ihn der aufgeregte Herr Obermeier. Ein Polizist versuchte ihn zu beruhigen. Herr Obermeier war Metzgermeister. In seinem Geschäft gab es die besten Schinken, die beste Salami und die allerbesten Gelbwürste von ganz München. Das behaupteten seine Kunden.

In der vergangenen Nacht hatte sich ein Einbrecher mit Schinken und Würsten versorgt. Und das Geld aus der Ladenkasse hatte er auch geklaut. Kein Wunder, dass Herr Obermeier so aufgeregt war.

»Der Halunke muss zwischen neun Uhr abends und sieben Uhr früh eingebrochen sein«, schimpfte der Metzgermeister. »Bis halb neun Uhr abends war ich im Geschäft und machte Abrechnungen. Kurz nach sieben Uhr früh kam

ich in den Laden zurück und entdeckte die Bescherung.«

Er ballte die Fäuste. »Zwei große Schinken, fünfzehn Gelbwürste und fünf Salami hat mir der Verbrecher gestohlen. Und die Ladenkasse hat er aufgebrochen und fast dreitausend Euro geklaut!«

Der Kriminalkommissar Paletti fuhr sofort mit Herrn Obermeier zum Tatort. Vier Polizisten bewachten den Metzgerladen. Zwei andere Beamte suchten überall nach Spuren.

»Der Einbrecher hatte die Alarmanlage ausgeschaltet«, meldete ein Polizist. »Er muss Nachschlüssel gehabt haben. Keine Fensterscheibe ist beschädigt, keine Tür aufgebrochen.«

Kommissar Paletti sah sich um und entdeckte Verdächtiges. Da, wo die Würste hingen, hob er eine Wurstscheibe vom Fußboden auf. Es war ein angebissenes Stückchen Gelbwurst.

»Na also«, sagte der Kommissar.

Die Polizisten und Herr Obermeier guckten
neugierig.

Kommissar Paletti zeigte ihnen die Wurstscheibe. »Sehen Sie die Spuren der Zähne, die
da hineingebissen haben?«, fragte er.

Die anderen nickten.

Der Kommissar fuhr fort: »Der Beißer hat zwei
Zahnlücken; eine ganz vorn, die andere einen
Zahn links daneben.« Er schnippte mit den Fingern. »Diese Zahnlücken verraten den Einbrecher Sigi Langfinger. Der Polizei ist bekannt,
dass er Gelbwurst besonders gern mag.«

Kurz darauf schwärmten vier Polizeiwagen
nach Sigi Langfinger aus.

Zwei Tage später wurde er verhaftet und zu
Kommissar Paletti gebracht.

»Wo waren Sie in der Nacht vom 24. auf den 25.
September?«, erkundigte sich der Kommissar.

Sigi Langfinger grinste. »Ich war in Hamburg«,
antwortete er seelenruhig. »Das kann mein
Hamburger Freund Freddy bezeugen. Bis

Mitternacht haben wir ferngesehen. Dann gingen wir spazieren, weil es eine so schöne
Nacht war. Der Mond schien und kein Wölk-
chen stand am Himmel. Dann tranken wir in
einer Kneipe, die noch nicht geschlossen hatte,
ein Glas Bier. Gegen vier Uhr früh kamen wir
nach Hause.«
»Und da war immer noch schönes Wetter?«,
fragte Kommissar Paletti.

»Aber ja«, sagte Sigi Langfinger. »Ich schlief sogar bei offenem Fenster.«

»In München sind Sie also dann nicht eingebrochen?«, erkundigte sich der Kommissar.

»Das ist eine Unverschämtheit!«, rief Sigi Langfinger empört. »Wie hätte ich in München einbrechen sollen? Ich war in Hamburg. Das liegt einige Stunden Autofahrt von München entfernt!«

»Ich verhafte Sie wegen Einbruch-Diebstahls bei Metzgermeister Obermeier«, sagte der Kriminalkommissar und setzte eine bedeutungsvolle Miene auf. »Und wenn Ihr Hamburger Freund Freddy behauptet, dass Sie zur Tatzeit in Hamburg gewesen wären, wird auch er angeklagt.«

»Wie-wieso?«, stotterte Sigi Langfinger unsicher.

Der Kriminalkommissar Paletti erklärte es ihm. Und Sigi Langfinger zuckte die Achseln.

»Pech gehabt«, meinte er. »Und Ihren Enkel,

Herr Kommissar – den soll der Kuckuck
holen!«

1. Frage: Warum hat Sigi Langfinger so plötzlich aufgegeben?
2. Frage: Und warum sagte er, dass den Enkel
der Kuckuck holen solle?
Für jede richtige Antwort gibt es 1 Punkt. Hier
sind also **2 Punkte** zu gewinnen.

Das Quiz

Karl-Heinz hatte seine vier besten Freunde zum Kindergeburtstag eingeladen. Es gab Kakao und Kuchen und es war sehr lustig. Sie machten Spiele und zum Schluss ein Rate-Quiz. Jeder Gast bekam einen Zettel und einen Bleistift. »Schreibt alle vierfüßigen Tiere auf, die euch einfallen«, sagte Karl-Heinz. »Ich geb euch eine Minute Zeit dazu. Dem Sieger schenk ich mein Abenteuerbuch. Es ist noch wie neu. – Achtung – fertig – los!«

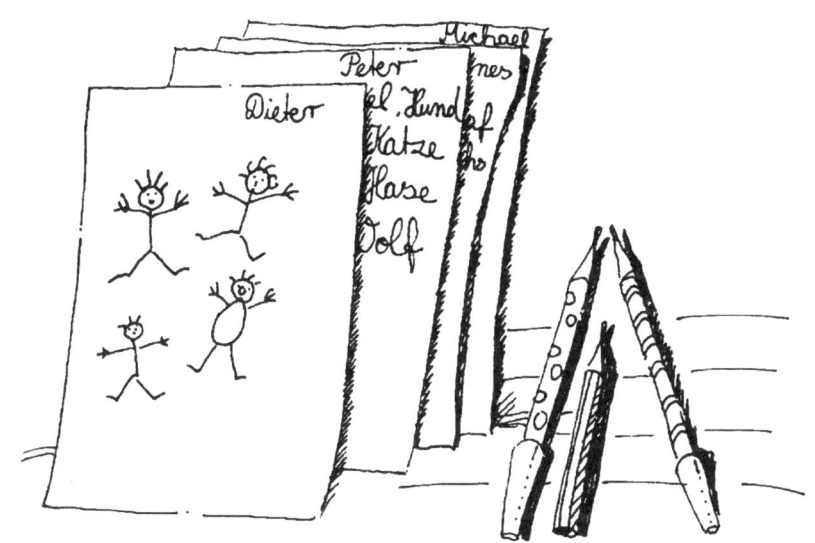

Peter schrieb: »Esel, Hund, Katze, Pferd, Hase,
Wolf . . .« Dann fiel ihm nichts mehr ein.
Dieter mochte nicht. Er malte Männchen auf
seinen Zettel.
Johannes strengte sich an und brachte es auf
siebzehn Tiere: Hund, Katze, Pferd, Maus, Kuh,
Schaf, Fuchs, Wolf, Bär, Eidechse, Spinne,
Eichhörnchen, Löwe, Tiger, Affe, Meerschwein-
chen, Hamster . . .
Michael schaffte ebenfalls siebzehn: Pferd,
Kuh, Ratte, Hund, Katze, Krokodil, Reh, Hirsch,

Gämse, Murmeltier, Schwein, Ziege, Schaf,
Wolf, Steinbock, Elefant, Nashorn . . .
Nach einer Minute sammelte Karl-Heinz die
Zettel ein. Er sah sie durch und sagte: »Auf
einem steht ein Tier, das nicht hineinpasst.«
Dann schenkte er dem Sieger das Abenteuer-
buch.

Für dich gibt es **2 Punkte** für zwei richtige Antworten.
1. Frage: Welches Tier läuft nicht auf vier Beinen?
2. Frage: Wer ist der Sieger?

Fahrerflucht

Verkehrsunfälle gibt es leider immer wieder. An vielen sind Raser schuld.

Dann kommt die Polizei und fragt Leute aus, die den Unfall gesehen haben. Diese Leute nennt man Augenzeugen. Da gibt mancher eine falsche Auskunft. Das tut er nicht absichtlich, er hat bloß nicht richtig beobachtet . . .

Da war der Unfall in der Flötenstraße: Ein Autofahrer war kriminell aus der Siedlung gerast. In der Kurve hatte er die Gewalt über seinen Wagen verloren.

Krach – bumm!

Er hatte einen Dackel angefahren und war dann gegen eine Verkehrsampel geschleudert. Der Hund hinkte jaulend davon, die Ampel stand schief.

Da schrien die Leute, die es gesehen hatten, schon wieder auf. Der Raser stieß seinen Wagen zurück, gab Gas und flitzte davon. Das verbeulte

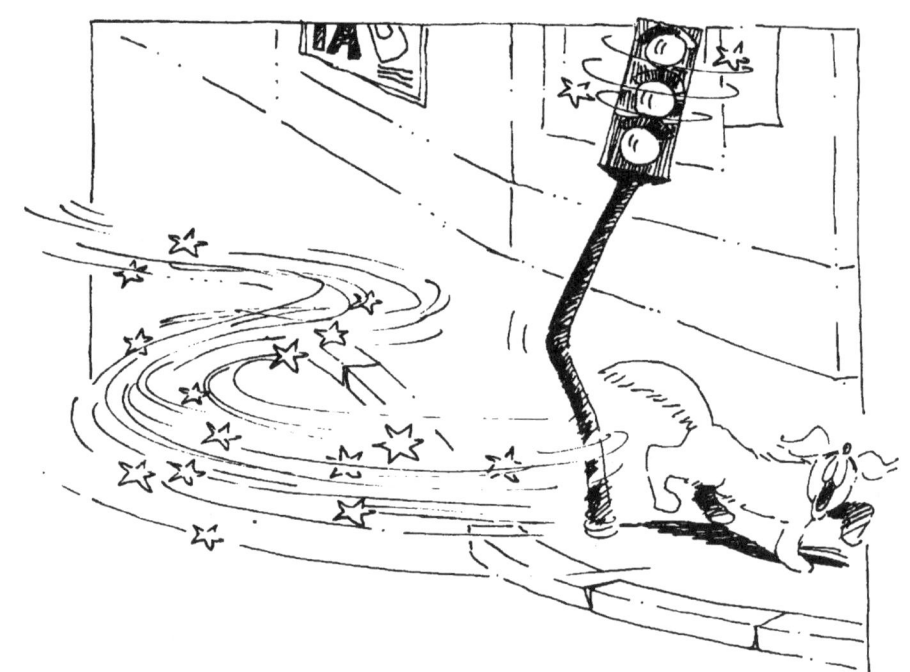

Auto ließ sich noch steuern. Um den Schaden
kümmerte sich der Kerl nicht. Er haute ab.
Fahrerflucht nennt man das.
Die Polizei kam. Ein Beamter leitete den Verkehr um. Zwei Polizisten arbeiteten mit Maß-
band und Notizblock. Der vierte Polizist
befragte die Augenzeugen.
Alle sagten aus, dass ein Mann das Auto gelenkt
hätte. Und er sei wie ein Wilder gefahren.

Auf das Autokennzeichen hatte niemand
geachtet. Alles sei viel zu schnell gegangen,
sagten die Leute.
Der Polizist erkundigte sich nach der Automarke.
Da sagten die Augenzeugen schon nicht mehr
dasselbe.
Herr Müller behauptete, es sei ein Opel gewesen.
»Ein Audi!«, rief Frau Maier.
»Unsinn«, widersprach Herr Billmann. »Es war
ein Mercedes. Ich erkannte ihn an dem vierzackigen Stern auf der Kühlerhaube.«

»Falsch«, sagte Frau König. »Es war ein japanischer Wagen, ein Toyota.«

Der Polizist seufzte. Er kannte das. So war es nach vielen Unfällen. Sämtliche Augenzeugen glaubten richtig beobachtet zu haben; und die meisten hatten doch daneben geguckt.

Eines wusste der Polizist diesmal sicher: Ein Augenzeuge hatte bestimmt nicht richtig hingesehen.

Wieder **2 Punkte** für zwei richtige Antworten:

1. Wer hatte ganz bestimmt Falsches behauptet?

2. Was gibt es nicht?

Die größte Überraschung

Wendelin Flunkermann hat die halbe Erde be-
reist und viele Abenteuer bestanden.
Jetzt sitzt er wieder einmal mit seinen Freunden
zusammen und erzählt.
»Die größte Überraschung«, erzählt er,
»erlebte ich nicht in fremden Ländern, sondern

in den Alpen. Das ist ein hohes Gebirge ganz unten in Deutschland. Dort gibt es heute noch seltene Tiere; Gämsen zum Beispiel.«

»Kenn ich«, sagt einer der Freunde. »Das sind Ziegen im Gebirge. Sie leben wild und haben krumme Hörner. – Stimmt's?«

Wendelin Flunkermann nickt. »Stimmt ungefähr. Gämsen sehen Ziegen sehr ähnlich.«

»Komm zur Überraschung«, drängen die anderen.

Wendelin Flunkermann trinkt einen Schluck Apfelsaft, lehnt sich zurück und erzählt weiter: »Ich stieg also in den Alpen umher. In sehr großer Höhe – da, wohin kaum Menschen kommen – entdeckte ich eine Gämse.« Er schließt die Augen und schweigt.

»Na und?«, fragen die Freunde.

»Was tat sie denn?«, erkundigt sich einer.

Wendelin Flunkermann macht die Augen auf, trinkt Apfelsaft und antwortet geheimnisvoll:

»Die Gämse tat etwas, was außer mir noch

kein Mensch gesehen hat.« Dann pfeift er leise
vor sich hin.

»Ja was denn?!«, drängen die Freunde.

Wendelin Flunkermann hebt den Zeigefinger
und sagt: »Ich überraschte die Gämse beim
Brüten. Sie saß in ihrem Nest und brütete zwei
Gämseneier aus.«

»Wieso weißt du, dass es zwei Eier waren?«,
erkundigt sich ein Freund.

»Ich beobachtete das Nest durch mein Spezial-
Fernrohr«, erklärt Wendelin Flunkermann.
Da sagt sein allerbester Freund: »Mein lieber
Wendelin! So lassen wir uns nicht veralbern.
Wir sind ja keine Schwachköpfe.«

Erkennst auch du, wo Wendelin Flunkermann
geschwindelt hat? Wenn ja – 1 **Punkt** für dich.

Zimmermanns Zuckerbrezen

Der Händler Maximilian Zimmermann zog von
Festplatz zu Festplatz. Wo Kirchweih gefeiert
wurde oder ein Volksfest war, stellte er seine
Bude auf und verkaufte Zuckerbrezen.
An seine Bude hängte er ein großes Schild.
Darauf stand:

> Zimmermanns Zuckerbrezen
> sind köstlich!
> 1 Breze: 60 Cent

Wenn genug Leute in der Nähe standen, rief er
ihnen zu: »Wer mehr kauft, ist besser dran! Drei
Brezen kosten nur einen Euro und achtzig
Cent! Nutzen Sie diesen Sonderpreis, meine

Damen und Herren! Greifen Sie zu! Drei der
köstlichen Zimmermanns Zuckerbrezen für nur
einen Euro achtzig! Sie können selbstverständlich auch eine einzige für sechzig Cent haben,

144

meine Damen und Herren. Doch kluge Rechner
kaufen drei!«

Da dachten manche: Wenn ich drei Zuckerbrezen zu eins achtzig nehme, komme ich günsti-
ger weg als mit einer zu sechzig Cent. Und sie
kauften drei.

Andere schmunzelten vor sich hin.

Und einige brummten: »Dieser Maximilian
Zimmermann ist ein Schlitzohr.«

Was meinst du dazu?

Wenn du richtig überlegst, steckt **1 Punkt** für
dich drin.

Hier sind die richtigen Antworten

Tante Elfriede:
In der Wüste Sahara leben keine
Bären. (1 Punkt)

Der Meisterdetektiv:
1. Der Dieb war Herr Schmidt. (1 Punkt)
2. Nur der Dieb wusste, dass Herr Tütmann das
Armband in der Schreibtisch-Schublade aufbe-
wahrte. Das musste er durch das Schlüsselloch
beobachtet haben. Herr Tütmann hatte seinen
Gästen und seiner Frau »das Versteck« nicht
verraten. Herr Schmidt kannte es. Also war er
der Dieb. (1 Punkt)

Rollmöpse
sind nicht lebendig. Sie können keine Eier
legen, aus denen kleine Fische schlüpfen.
(1 Punkt)

Die Verkehrsampel:

1. Niemand darf bei »Rot für Fußgänger« über die Straße gehen, also
auch keine Erwachsenen! (1 Punkt)

2. Kinder dürfen keinem Erwachsenen folgen,
der bei »Rot« die Straße überquert. Wenn ein
Erwachsener so etwas tut, gibt er ein schlechtes Beispiel – und bringt Kinder, die ihm nach-
laufen, in Lebensgefahr! (1 Punkt)

Bärbel:

1. Berlin liegt nicht an der Donau.
(1 Punkt)

2. Einen Weihnachtsminister gibt es (leider)
nicht. (1 Punkt)

Rechnen muss man können:

$7 + 5 = 12$ (ein leicht verdienter Punkt – oder
nicht?)

Heinrich Pfefferkorn:

1. Anstrich wurde nicht eingeladen.
(1 Punkt)

2. »Anstrich« ist kein Vorname.
Einen »Alberich« gibt es! (1 Punkt)

Inspektor Greifzu:
Ein Hunderteuroschein ist aus Papier.
Ein Magnet zieht kein Papier an.
(1 Punkt)

Ein wunderschönes Märchen:
Zu Schneewittchen gehören die 7 Zwerge,
aber nicht der böse Wolf. (1 Punkt)

Peter und Michael:
Peter regte sich über die »Geheim-
schrift« auf. LESE NIE TSI
RETEP!!! heißt von rückwärts gelesen: PETER
IST EIN ESEL!!! (1 Punkt)

Voll auf die Bremse:

Christian Schneidig trat auf das Gaspedal! Das Bremspedal ist links daneben. (1 Punkt)

Der Minister:

1. Es gibt keinen Käseminister. (1 Punkt)
2. Es gibt keinen König der Schweiz. (1 Punkt)

Das Autospiel:

CH ist das Schweizer Autokennzeichen. (1 Punkt)

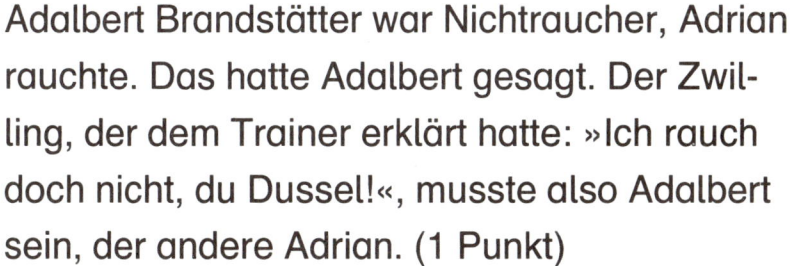

Die Wette gilt:

Adalbert Brandstätter war Nichtraucher, Adrian rauchte. Das hatte Adalbert gesagt. Der Zwilling, der dem Trainer erklärt hatte: »Ich rauch doch nicht, du Dussel!«, musste also Adalbert sein, der andere Adrian. (1 Punkt)

Robin Gicks:
Es war am 1. April. Stefans Vater
machte einen Aprilscherz.
1. Mutter und Erika schmunzelten,
weil kein Hahn dreizehn Tage und Nächte lang
auf einem Fleck stehen bleibt. (1 Punkt)
2. Ein Hahn legt keine Eier. (1 Punkt)

Das Geheimnis der Insel:
Die Inschrift, richtig zusammenge-
setzt, heißt: Vier und vier ist acht. (1 Punkt)

Die Probearbeit:
1. Die Libelle hat keinen Giftstachel. (1 Punkt)
2. Der Maulwurf spuckt nicht. (1 Punkt)

Der Unschuldige:
Außer Frau Vogel konnte nur der Dieb
wissen, wie viel Geld tatsächlich im
Nachtkästchen war. Norbert Nimmsgern
hat sich selbst verraten. (1 Punkt)

Die Aufstellung:

Eine Fußballmannschaft besteht aus elf Spielern. Der Trainer wollte zwölf Mann auf das Spielfeld schicken. Sicher hat er seine Aufstellung nur scherzhaft gemeint. (1 Punkt)

Pippo, der Clown:

Im Kühlschrank wird

1. kein Salz aufbewahrt. (1 Punkt)
2. kein Zucker »frisch gehalten«. (1 Punkt)

Das Ungeheuer:

Die Spuren im Schnee stammen von keiner Monster-Ente, sondern von Peters Schwimmflossen. (1 Punkt)

Frau Piepenspar kriegt Ärger:

Es gibt keine Dreißigeuroscheine. (1 Punkt)

Onkel Ottos Abenteuer:
Krokodile haben keine Flügel und können nicht fliegen. (1 Punkt)

Es war einmal ein König
1. Der König schickte Wendelin Pfifferling weg. (1 Punkt)
2. Wendelin Pfifferling hatte geschwindelt. Es gibt keinen 30. Februar. Der Februar hat in »normalen« Jahren 28 Tage, in Schaltjahren 29 Tage. (1 Punkt)

Drei gegen einen:
Das Cello ist eine große Geige. »Kniegeige« sagen manche dazu. Es wird nicht geblasen, sondern gestrichen. (1 Punkt)

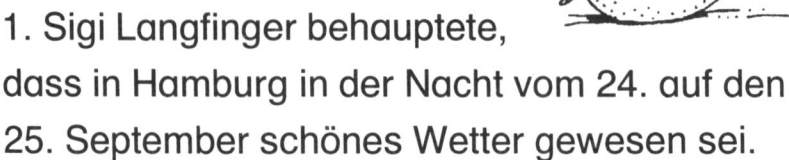

Pech für Sigi:
1. Sigi Langfinger behauptete, dass in Hamburg in der Nacht vom 24. auf den 25. September schönes Wetter gewesen sei.

Das stimmt nicht. In Hamburg hatte es Sturm gegeben. Also konnte Sigi nicht in Hamburg gewesen sein. (1 Punkt)

2. Sigi wünschte den Enkel des Kommissars zum Kuckuck, weil Alexander dem Opa am Telefon von dem Unwetter in Hamburg erzählt hatte. (1 Punkt)

Das Quiz:

1. Die Spinne passt nicht hinein. Spinnen haben acht Beine. (1 Punkt)

2. Der Sieger ist Michael. Er hat 17 »Richtige« (1 Punkt).

Fahrerflucht:

1. Ganz bestimmt Falsches behauptete Herr Billmann. (1 Punkt)

2. Es gibt keinen vierzackigen Mercedes-Stern. Der Mercedes-Stern hat drei Zacken. (1 Punkt)

Die größte Überraschung:
Gämsen legen keine Eier. Sie bringen
lebendige Junge zur Welt. (1 Punkt)

Zimmermanns Zuckerbrezen:
Wer drei Brezen kauft, spart kein
Geld. Ein Euro achtzig sind drei mal
sechzig Cent. (1 Punkt)

Josef Carl Grund

Diebe in der Geisterburg
Kniffelige Geschichten zum Mitdenken

Wer, wo, wann, was, warum? Spannende Geschichten
laden zum Rätseln und Mitdenken ein. Hier heißt es
aufpassen und ganz genau hinsehen, denn am Ende
jeder Geschichte werden Fragen gestellt – aber
Vorsicht! Schwindler, Schlitzohren und Bauernfänger
lauern überall zwischen den Zeilen und locken
unvorsichtige Leser auf Abwege...

Clevere Unterhaltung für pfiffige Leseanfänger –
natürlich mit Lösungsteil am Ende des Buches!

160 Seiten. Gebunden. Ab 6

Arena

Ingrid Kötter

Das Geheimnis der Bronzemaske

Frieden auf Erden? Pustekuchen! Leonie ist
stinksauer: Ausgerechnet zwei Tage vor
Weihnachten soll im Römermuseum der Tag
der offenen Tür für blinde Kinder stattfinden.
Alle Alarmanlagen werden ausgestellt, damit die
Kinder die Ausstellungsgegenstände anfassen
können. Leonie findet, dass ihr Papa, der
Museumsdirektor, ruhig ein bisschen vorsichtiger
sein könnte – schließlich ist schon einmal eine
wertvolle Bronzemaske gestohlen worden!
Natürlich soll Leonie auch noch auf ihren kleinen
Bruder aufpassen, und dass sie heute eigentlich
Geburtstag hat, scheint überhaupt niemanden zu
interessieren. Als Leonie und ihr Freund Tim
schließlich ins Römermuseum kommen, fällt
plötzlich der Strom aus…

112 Seiten. Zahlreiche s/w Illustrationen. Ab 8.

Arena

MANFRED MAI

DER GEHEIMNISVOLLE ERFINDER

Der neue Nachbar ist ganz schön merkwürdig.
Er streicht sein Haus kunterbunt an und
stellt unheimliche Holzskulpturen in seinem
Garten auf. Bald ist allen klar: Der Neue muss
verrückt sein, vielleicht sogar richtig gefährlich.
Das denken auch Franziska, Nasrin und Fabrizio.
Aber sie sind auch neugierig und beschließen,
das Geheimnis um den neuen Bewohner zu
lüften. Und bald stellen sie fest, dass sie Partei
ergreifen müssen, um dem geheimnisvollen
Fremden zu helfen.

128 Seiten. Zahlreiche Illustrationen. Ab 8

Arena